www.ingramcontent.com/pod-product-compliance
Lightning Source LLC
Chambersburg PA
CBHW011406070526
44577CB00003B/389

O PROJETO DA SUPER CASA NA ÁRVORE

AVENTURAS DE PROJETOS JUVENIS/1 (EDIÇÃO MANGÁ)

ILUSTRADOR: HIROAKI ISHIHARA (石原ヒロアキ)
AUTOR: GARY M NELSON (LIVROS ORIGINAIS EM INGLÊS)
TRADUTORAS: ISABELINA JORGE & IRIS PINHÃO

EDIÇÃO IMPRESSA ISBN 978-1991152596
EBOOK ISBN 978-1991152589

(C) GARY M NELSON, HIROAKI ISHIHARA 2021

GAZZA'S GUIDES
PO BOX 27055
GARNETT AVE
HAMILTON 3257
NEW ZEALAND

UM REGISTO DESTE LIVRO ESTÁ DISPONÍVEL NA BIBLIOTECA NACIONAL DA NOVA ZELÂNDIA.

TODOS OS DIREITOS RESERVADOS. ESTA PUBLICAÇÃO NÃO PODE SER REPRODUZIDA NEM TRANSMITIDA, NO TODO OU EM PARTE, POR QUALQUER PROCESSO ELETRÓNICO, MECÂNICO, INCLUINDO FOTOCÓPIA, GRAVAÇÃO OU OUTRO, SEM PRÉVIA AUTORIZAÇÃO ESCRITA DO AUTOR E DA EDITORA.

ESTE É UM TRABALHO DE FICÇÃO. OS NOMES, PERSONAGENS, EMPRESAS, EVENTOS E SITUAÇÕES AQUI RETRATADOS SÃO PRODUTOS DA IMAGINAÇÃO DO AUTOR OU SÃO USADOS DE UM MODO FICCIONAL. QUALQUER SEMELHANÇA COM PESSOAS, VIVAS OU MORTAS, OU COM ACONTECIMENTOS REAIS É PURA COINCIDÊNCIA.

ESTE LIVRO TEM COMO OBJETIVO FORNECER INFORMAÇÕES ÚTEIS AOS NOSSOS LEITORES. TODOS OS PROCESSOS E PROCEDIMENTOS DESCRITOS NESTE LIVRO SÃO DE NATUREZA CONCEPTUAL E NÃO SÃO PRESCRITIVOS: SE GOSTARIAS DE CONSTRUIR A TUA PRÓPRIA CASA NA ÁRVORE, HÁ RECURSOS E MODELOS DISPONÍVEIS NA INTERNET AOS QUAIS PODES RECORRER (NO GOOGLE APARECEM 63 MILHÕES DE REFERÊNCIAS A "CASA NA ÁRVORE" E ESTÃO SEMPRE A AUMENTAR!)

NEM O EDITOR NEM O AUTOR PODEM SER RESPONSABILIZADOS POR QUALQUER DANO FÍSICO, PSICOLÓGICO, EMOCIONAL, FINANCEIRO OU COMERCIAL, INCLUINDO, MAS NÃO LIMITADO A DANOS ESPECIAIS, ACIDENTAIS, INDIRETOS OU OUTROS. AS NOSSAS OPINIÕES E DIREITOS SÃO OS MESMOS: TU ÉS RESPONSÁVEL PELAS TUAS PRÓPRIAS ESCOLHAS, AÇÕES E RESULTADOS.

CONTEÚDO

1	TERMINARAM AS FÉRIAS DA PÁSCOA	1
2	O REI DO MUNDO	21
3	ISTO SIGNIFICA GUERRA!	41
4	IDEIA & PLANO	61
5	RAPAZES VS RAPARIGAS	91
6	O ACIDENTE	115
7	A TEMPESTADE	145
8	TRABALHAR JUNTOS	161
9	GRANDE ABERTURA	181
10	PIZZA!	191

PERSONAGENS

BECKY

SUSAN

AMANDA

JAMES

BEN

ALICE

TIM

TOM

PAI DE BEN & AMANDA

CAPÍTULO 1: TERMINARAM AS FÉRIAS DA PÁSCOA

ACHO QUE TENHO UMA FARPA

DOEM-ME AS MÃOS!

OU NUNCA MAIS COMEÇAMOS A CONSTRUIR A CASA NA ÁRVORE!

PARA DE TE QUEIXAR

ESTAS TÁBUAS SÃO MUITO PESADAS!

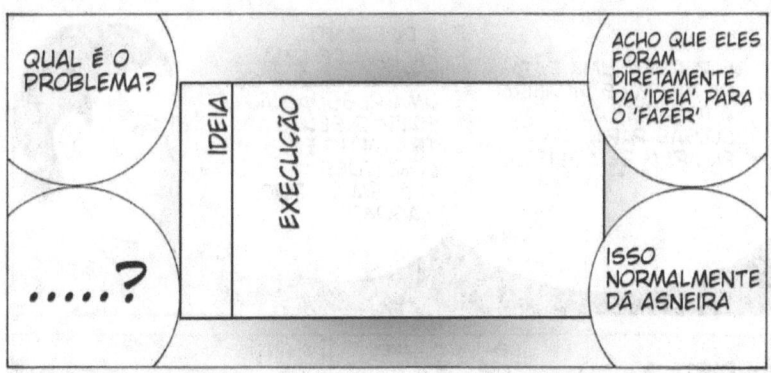

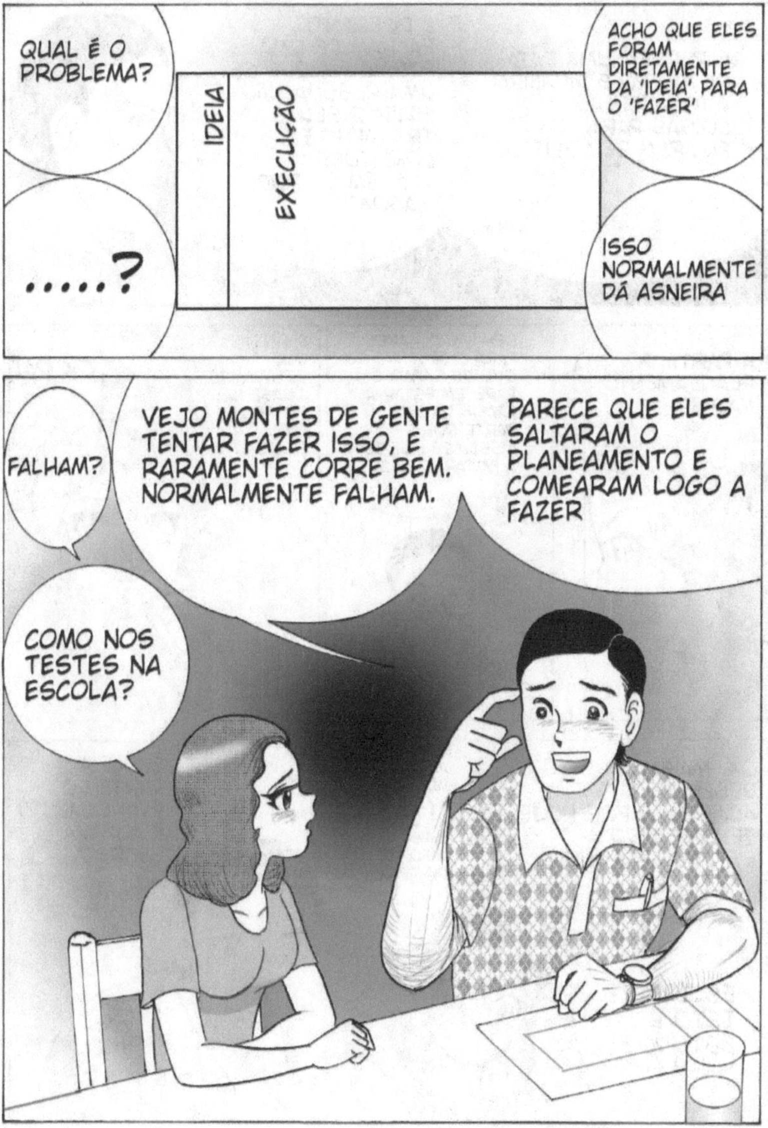

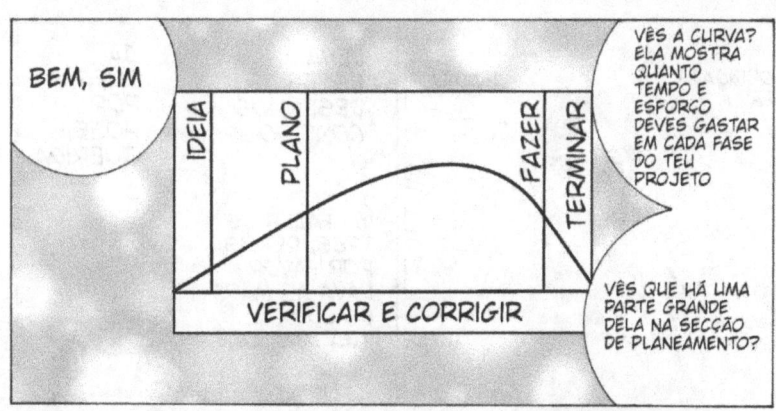

DEVE HAVER ALGO MAIS, CERTO, PAI?

ESTIVE A PENSAR NAS FIGURAS QUE DESENHASTE A NOITE PASSADA E NO QUE DISSESTE. FEZ MAIS OU MENOS SENTIDO, MAS AINDA NÃO PERCEBO COMO SIMPLESMENTE UM 'PLANO' É UMA ARMA SECRETA

ESTOU PRONTA AGORA, PAI

MAS AQUILO DE QUE FALAMOS A NOITE PASSADA FOI PROVAVELMENTE SUFICIENTE PARA COMEÇAR. QUANDO ESTIVERES PRONTA, PODEMOS ENTRAR EM MAIS DETALHE.

BEM SIM, HÁ BASTANTE MAIS.

PODEMOS FAZÊ-LA HOJE, PAI?

ALÉM DISSO PRECISO DE PENSAR COMO TE VOU DAR A PRÓXIMA LIÇÃO, E ISSO REQUER UM POUCO MAIS DE TEMPO.

QUERO MESMO VENCER O BEN.

TENHO QUE IR TRABALHAR UM POUCO MAIS CEDO HOJE,

BEM, INFELIZMENTE, QUERIDA, AGORA NÃO POSSO.

HÁ ALGUNS PROBLEMAS NO MEU PROJETO ATUAL E TENHO QUE IR TER COM A EQUIPA PARA VER COMO OS PODEMOS RESOLVER.

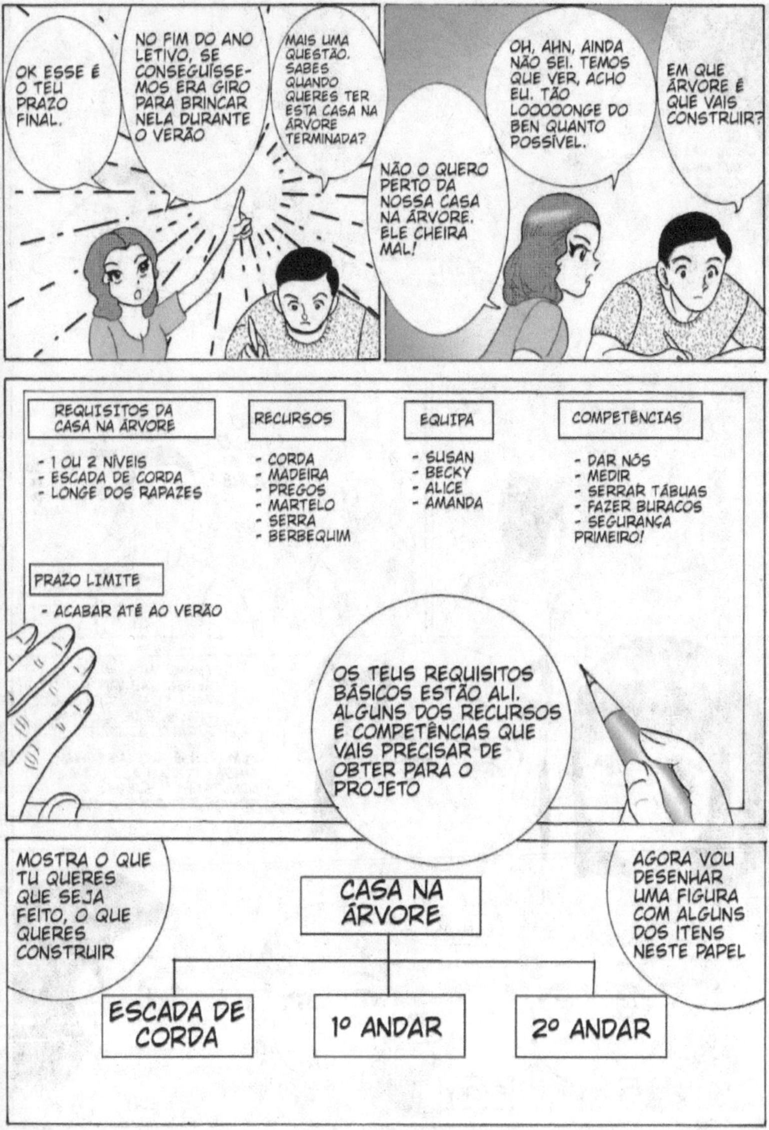

Painel 1:

- OK ESSE É O TEU PRAZO FINAL.
- NO FIM DO ANO LETIVO, SE CONSEGUÍSSEMOS ERA GIRO PARA BRINCAR NELA DURANTE O VERÃO.
- MAIS UMA QUESTÃO. SABES QUANDO QUERES TER ESTA CASA NA ÁRVORE TERMINADA?
- OH, AHN, AINDA NÃO SEI. TEMOS QUE VER, ACHO EU. TÃO LOOOOONGE DO BEN QUANTO POSSÍVEL.
- EM QUE ÁRVORE É QUE VAIS CONSTRUIR?
- NÃO O QUERO PERTO DA NOSSA CASA NA ÁRVORE. ELE CHEIRA MAL!

Painel 2:

REQUISITOS DA CASA NA ÁRVORE	RECURSOS	EQUIPA	COMPETÊNCIAS
- 1 OU 2 NÍVEIS - ESCADA DE CORDA - LONGE DOS RAPAZES	- CORDA - MADEIRA - PREGOS - MARTELO - SERRA - BERBEQUIM	- SUSAN - BECKY - ALICE - AMANDA	- DAR NÓS - MEDIR - SERRAR TÁBUAS - FAZER BURACOS - SEGURANÇA PRIMEIRO!

PRAZO LIMITE
- ACABAR ATÉ AO VERÃO

OS TEUS REQUISITOS BÁSICOS ESTÃO ALI. ALGUNS DOS RECURSOS E COMPETÊNCIAS QUE VAIS PRECISAR DE OBTER PARA O PROJETO.

Painel 3:

MOSTRA O QUE TU QUERES QUE SEJA FEITO, O QUE QUERES CONSTRUIR.

AGORA VOU DESENHAR UMA FIGURA COM ALGUNS DOS ITENS NESTE PAPEL.

```
             CASA NA ÁRVORE
            /      |       \
  ESCADA DE    1º ANDAR    2º ANDAR
   CORDA
```

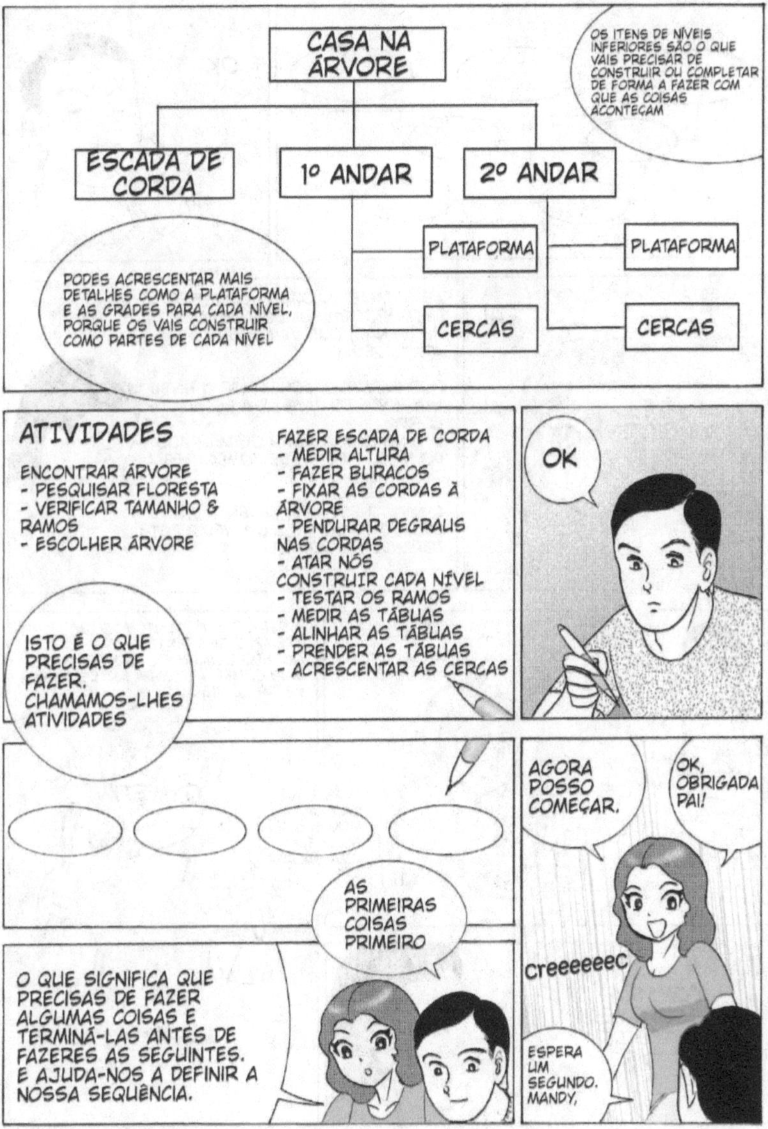

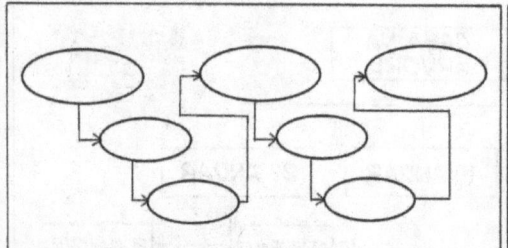

AS BOLHAS MAIORES PODEM SER DECOMPOSTAS EM BOLHAS MAIS PEQUENAS, QUE VÊM DAS NOSSAS ATIVIDADES.

POR EXEMPLO, CONSTRUIR O NÍVEL 1 DEPENDE DE ACABAR A ESCADA DE CORDA
E TENS QUE ACABAR OS DEGRAUS DO NÍVEL 1 ANTES DE COMEÇARES A CONSTRUIR O NÍVEL 2

O NÍVEL 1 ESTÁ DEPENDENTE DA ESCADA DE CORDA E O NÍVEL 2 ESTÁ DEPENDENTE DO NÍVEL 1

- O QUE É QUE QUERES TER NO FIM?
- PODES DIVIDI-LO EM PARTES?
- QUANDO É QUE QUERES TERMINAR?
- QUE TAREFAS (ATIVIDADES) PRECISAS DE FAZER?
- DE QUE FERRAMENTAS E MATERIAIS E PESSOAS PRECISAS?
- QUE ATIVIDADES TÊM QUE SER FEITAS ANTES DAS OUTRAS?

SOMOS MAIS ESPERTAS DO QUE ESSES RAPAZES TOLOS. SOMOS CAPAZES DE FAZER UMA CASA NA ÁRVORE MELHOR DO QUE ELES

ESPECIALMENTE MELHOR DO QUE OS NOSSOS IRMÃOZINHOS MAIS NOVOS!

NUM SEI, DISSE AO PAI QUE ERA MUITO DIFÍCIL, MAS ELE DISSE QUE ASSIM O BEN GANHAVA!

EU TAMBÉM!

EU AJUDO

VAMOS TODAS A CASA DA AMANDA DEPOIS DAS AULAS. VAMOS DESCOBRIR ISSO JUNTAS E FAZER UMA CASA NA ÁRVORE MUITO MELHOR QUE A DOS RAPAZES.

OK!

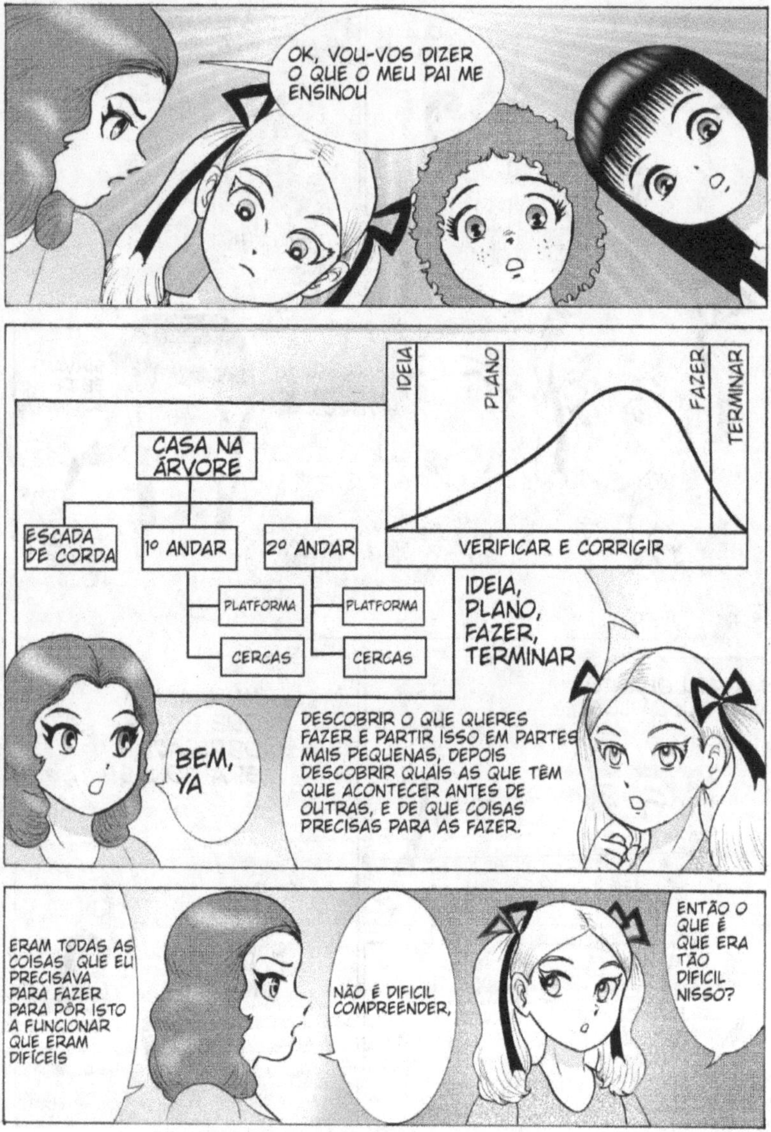

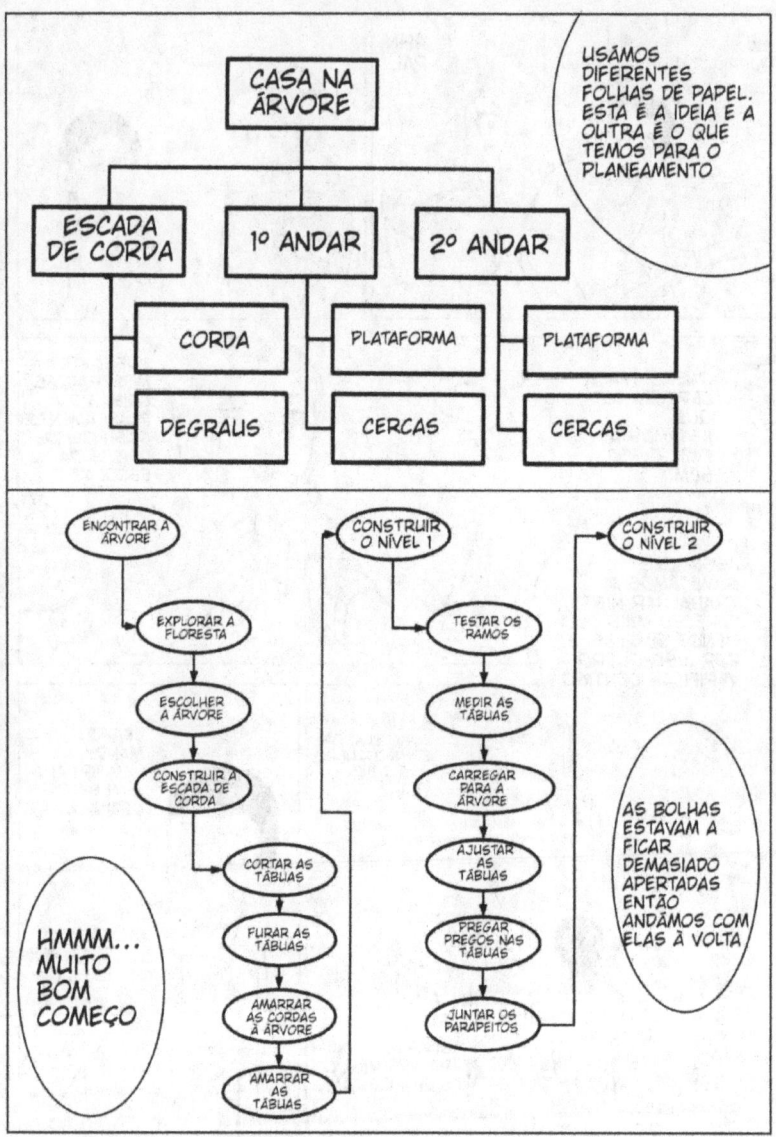

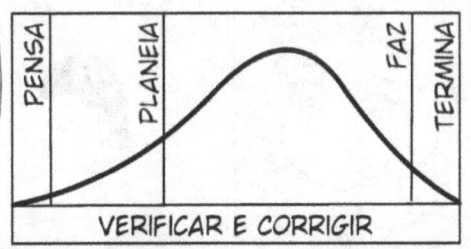

ALI É O RIACHO

VAMOS DAR 30 PASSOS PARA A DIREITA E REGRESSAR EM DIREÇÃO AO PARQUE.

É QUASE UMA HORA, VAMOS DESCANSAR NO PARQUE

SIM, DEVE HAVER OUTRA ÁRVORE GRANDE ALGURES

VAMOS COMEÇAR PELO LADO MAIS AFASTADO. NÃO QUEREMOS ESTAR PERTO DESSSES RAPAZES

NÃO HÁ UMA ÚNICA ONDE PUDÉSSEMOS CONSTRUIR UMA CASA NA ÁRVORE, PELO MENOS

TODAS AS ÁRVORES SÃO PEQUENAS

É ALTURA DE NOS PORMOS A MEXER!

VAMOS REVER O NOSSO PLANO E VER COMO AS NOSSAS IDEIAS FUNCIONAM COM A MADEIRA QUE TEMOS

O TEU PAI DISSE QUE PRECISAMOS DE PLANEAR, E PERCEBER AS COISAS ANTES DE COMEÇAR A CONSTRUIR

ACHO QUE É ALTURA DE AS TUAS AMIGAS TAMBÉM IREM PARA CASA JANTAR

PODES POR FAVOR AJUDAR-ME A PÔR A MESA, QUERIDA?

NA MANHÃ SEGUINTE CASA DA AMANDA

SIM MÃE

AINDA PODEMOS GANHAR!

VAMOS BUSCAR MAIS TÁBUAS E PÔR-NOS A MEXER!

VOCÊS VÃO VER

VÃO DEMORAR UMA ETERNIDADE A COMEÇAR SE PENSAM QUE AQUELA MADEIRA ERA PESADA!

NÃO SE PODE CONSTRUIR UMA CASA NA ÁRVORE SE NÃO SE TROUXER MADEIRA NENHUMA!

ELAS NEM SEQUER TROUXERAM UM CARREGAMENTO COMPLETO DE MADEIRA!

USÁMOS
4 E 1/3 DE TÁBUAS DE CERCA,
12 RIPAS DE CERCA

RESTA
5 E 2/3 TÁBUAS DE CERCA,
48 RIPAS DE CERCA,
9 POSTES DE CERCA

BOM TRABALHO! ENTÃO VAMOS VER O QUE USÁMOS ATÉ AGORA.

ACHO QUE ESTÁ BEM

O QUE ACHAS, ALICE?

HMM... VAMOS FICAR SEM TÁBUAS DE CERCA MUITO RAPIDAMENTE. MAS TEMOS O SUFICIENTE DE QUALQUER DOS MODOS PARA CONSTRUIR MAIS DE UM NÍVEL

ROLDANA
GANCHO
ARAME

SE USARMOS OS POSTES DA CERCA, DÁ-NOS UMA BOA PLATAFORMA INFERIOR ONDE CABEMOS TODAS. MAS ACHO QUE DEVÍAMOS TORNAR ISTO MAIS DIFÍCIL PARA OS RAPAZES SUBIREM.. DEVÍAMOS SER CAPAZES DE IÇAR A ESCADA DE CORDA, ESPECIALMENTE QUANDO NÃO ESTIVERMOS LÁ.

POR FAVOR EMPURRA UM POUCO MAIS PARA CIMA

ALICE, ESTÁS BEM?

VAMOS LÁ COMEÇAR!

apertar

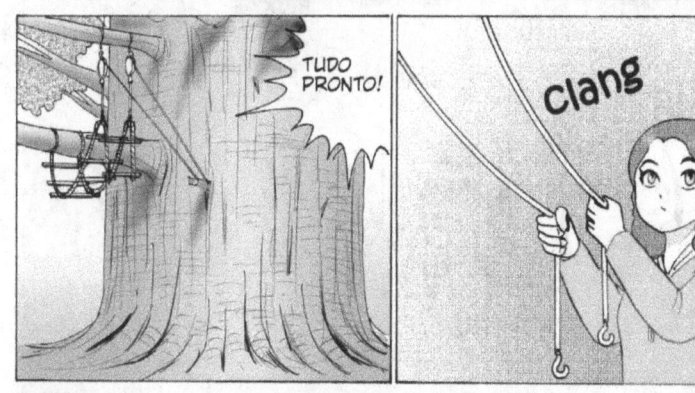

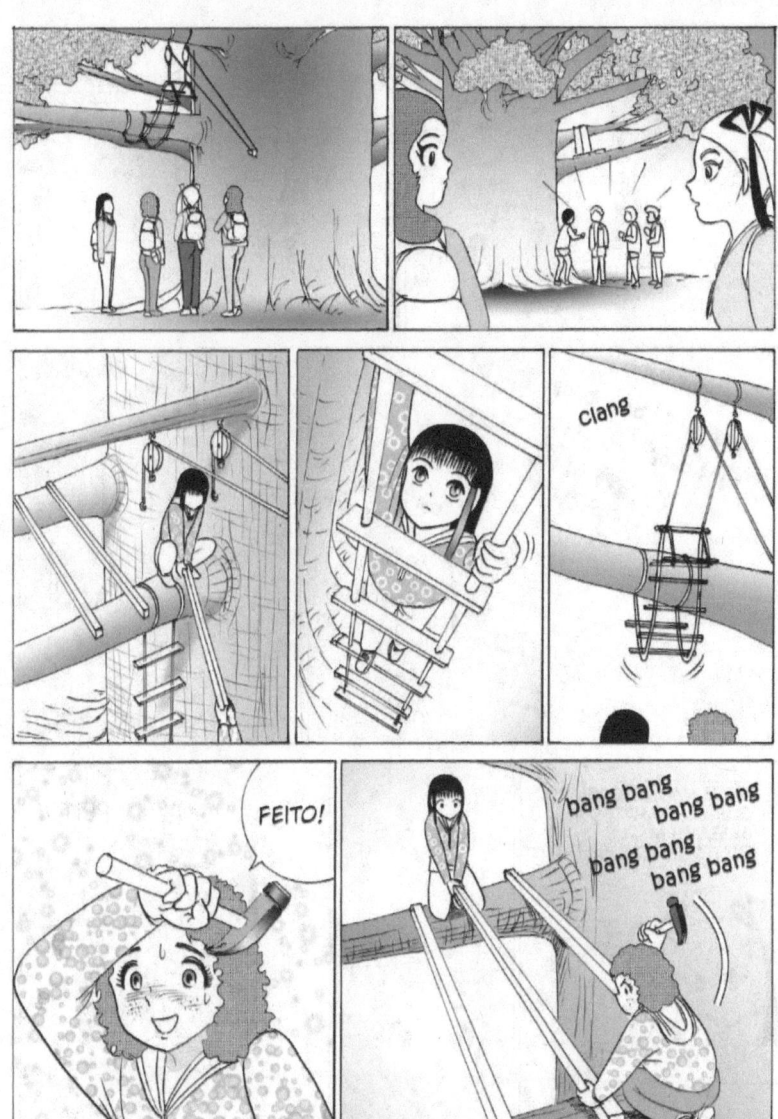

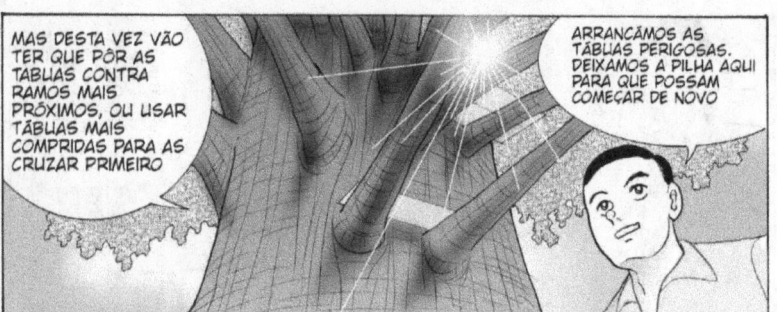

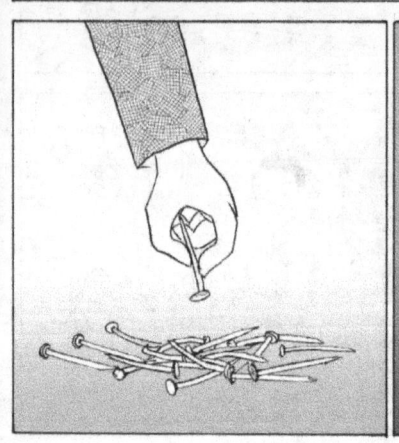

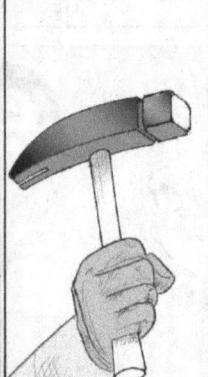

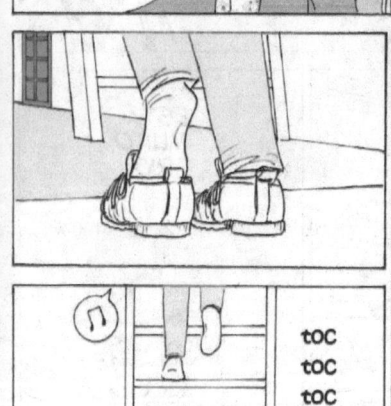

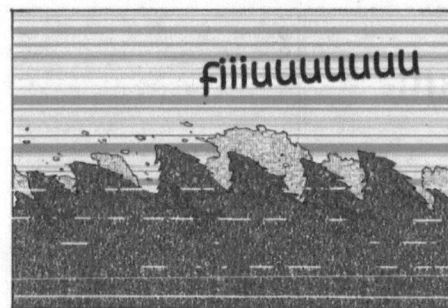

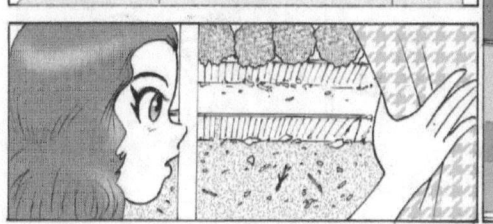

TALVEZ OS POSSAMOS FAZER

TENHO UMA IDEIA! TALVEZ NÃO PRECISEMOS DE MAIS PREGOS

COMO PAPEL MACHÊ, COMO FAZEMOS NA ESCOLA?

BEM, SABES, QUALQUER COISA QUE SEJA MUITO PEGAJOSA PODE FUNCIONAR

...

COM QUÊ?

MACACOS DO NARIZ!

O QUE É?

QUALQUER COISA QUE TENHAMOS AQUI À MÃO, AGORA MESMO

EWWW!

...

LÁ ISSO SÃO

QUE NOJO!

TÃOOOO NOJENTOS!

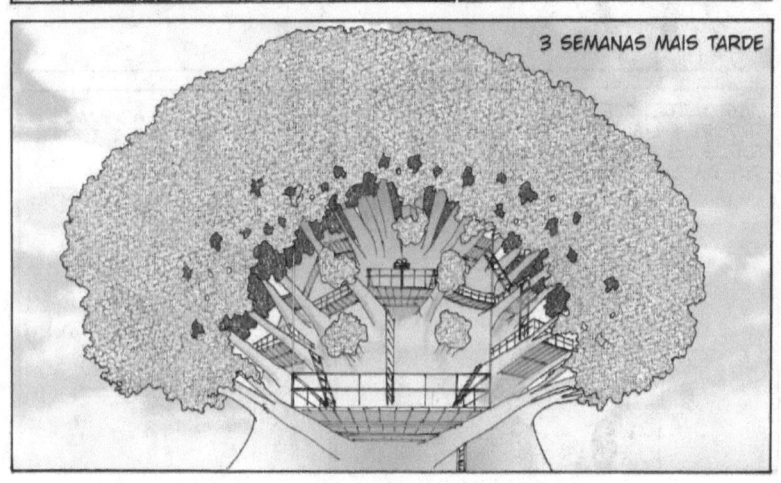

OK EQUIPA, HORA DA LIMONADA

DEPOIS MONTAMOS A PISTA DE BOWLING A SEGUIR AO ALMOÇO!

fsshh

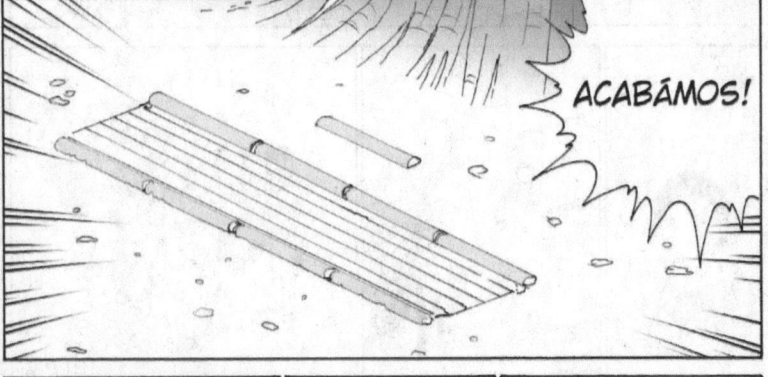
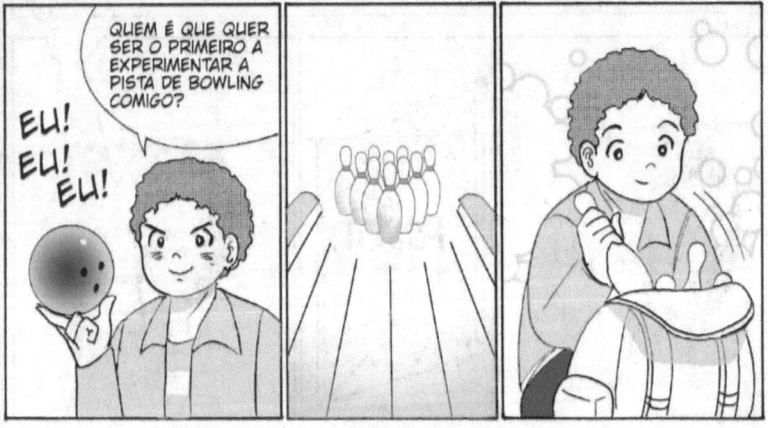

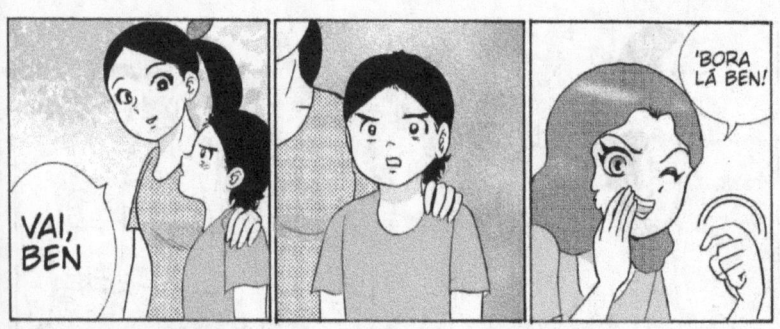

MUITO BEM!

FANTÁSTICO. O QUE VOCÊS CONSTRUÍRAM, MIÚDOS, É FANTÁSTICO.

TRABALHO DE EQUIPA & PLANEAMENTO

FOI GRAÇAS À TUA ARMA SECRETA

POSFÁCIO

A SÉRIE AVENTURAS DE PROJETOS JUVENIS DE GARY NELSON TEM SIDO UMA AVENTURA EM GRANDE PARA OS VOLUNTÁRIOS DO PMI PORTUGAL NAS ESCOLAS (PMIPE). TEM SIDO UM PRAZER LER AS HISTÓRIAS ENQUANTO AS TRADUZIMOS PARA PORTUGUÊS, LIVRO APÓS LIVRO. DEMOS O NOSSO MELHOR PARA LEVAR ESTAS HISTÓRIAS ÀS NOSSAS ESCOLAS E AOS NOSSOS ALUNOS E PARA INCENTIVAR NÃO APENAS A SUA LEITURA, MAS TAMBÉM A CRIAÇÃO DE PROJETOS ESCOLARES BASEADOS NELAS.

IRIS PINHÃO, A PRIMEIRA COORDENADORA DO DEPARTAMENTO DE RECURSOS DO NOSSO PROGRAMA DE RESPONSABILIDADE SOCIAL NO PMIPE, FOI TAMBÉM TRADUTORA, REVISORA E GESTORA DOS PROJETOS DE TRADUÇÃO DOS SEIS LIVROS DA SÉRIE, SEMPRE AO MEU LADO A PROMOVER E APOIAR ESTE ESFORÇO DE VOLUNTARIADO.

CELEBRÁMOS ESTA COLABORAÇÃO GLOBAL NUM WEBINAR DO PMI PORTUGAL EM MARÇO DE 2021, COM O GARY NELSON E O KO ITO A ASSINALAREM O LANÇAMENTO DO SEXTO LIVRO DA SÉRIE ORIGINAL DAS AVENTURAS. E FINDA A CELEBRAÇÃO, EMBARCÁMOS NUM NOVO PROJETO.

DESTA VEZ, A SÉRIE AVENTURAS DE PROJETOS JUVENIS TOMOU UM NOVO RUMO, NA DIREÇÃO DE ANIME MANGA, E A IRIS E EU FOMOS NOVAMENTE AS PRIMEIRAS A ABRAÇAR A IDEIA, CIENTES DA RELEVÂNCIA DE UMA VERSÃO DE DESENHOS ANIMADOS LIDA POR PESSOAS DE TODAS AS IDADES NO JAPÃO. AMBAS CONSIDERAMOS QUE ESTAS HISTÓRIAS DEVEM SER LIDAS POR CRIANÇAS "DOS 5-75", O NOVO SLOGAN DE 2021 DO PMI PARA A EDUCAÇÃO E JUVENTUDE.

DECIDIMOS, ASSIM, EMBARCAR NESTA AVENTURA MAIS UMA VEZ, E ACABÁMOS DE CHEGAR A BOM PORTO COM O PRIMEIRO AVENTURAS DE PROJETOS JUVENIS VERSÃO ANIME MANGA EM PORTUGUÊS. QUE O PRÓXIMO SEJA UMA OBRA DE ARTE TÃO EDUCATIVA E DIVERTIDA COMO ESTE FOI!

AO GARY E AO KO ITO OS NOSSOS PARABÉNS, É UM ORGULHO PARA NÓS CONTINUARMOS A FAZER PARTE DESTA EQUIPA. MAIS UMA VEZ MUITO OBRIGADA POR NOS TEREM A BORDO.

IRIS PINHÃO
VOLUNTÁRIA PMI PORTUGAL

ISABELINA JORGE
PRESIDENTE
PMI PORTUGAL

HIROAKI ISHIHARA
(NOME REAL: HIROAKI YONEKURA)

O AUTOR NASCEU EM ISHINOMAKI, NO CONCELHO DE MIYAGI NO JAPÃO, EM 1958.
APÓS OBTER A SUA LICENCIATURA NA UNIVERSIDADE AOYAMA GAKUIN, JUNTOU-SE À FORÇA DE DEFESA TERRESTRE DO JAPÃO (JGSDF). FOI COLOCADO NO INCIDENTE DO METRO DE SARIN E NO DESASTRE DA 1ª CENTRAL NUCLEAR DE FUKUSHIMA COMO CAPITÃO DA EQUIPA DE PROTEÇÃO QUÍMICA.
REFORMOU-SE DA JGSDF EM 2014. PUBLICOU DIVERSOS TRABALHOS MANGA, NOMEADAMENTE:

- "BLACK PRINCESS MAKI", UMA SIMULAÇÃO DE GUERRA
- "HINOMARU DAD", HISTÓRIA BASEADA NA SUA PRÓPRIA EXPERIÊNCIA NA JGSDF
- "ON WAR BY CLAUSEWITZ"
- "THE NAVAL STRATEGY OF MAHAN"

GARY NELSON

O AUTOR NASCEU EM CALGARY, ALBERTA, CANADA EM 1966.

DEPOIS DE SE LICENCIAR NA UNIVERSIDADE SIMON FRASER EM 1989, TRABALHOU COMO GESTOR DE PROJETOS EM DIVERSAS INDÚSTRIAS E PAÍSES. RESIDE ATUALMENTE EM HAMILTON, NA NOVA ZELÂNDIA.

ESCREVEU E PUBLICOU VÁRIOS LIVROS SOBRE GESTÃO DE PROJETOS DESDE 2012, INCLUINDO A SÉRIE AVENTURAS DE PROJETOS JUVENIS, QUE ESTÁ DISPONÍVEL EM INÚMERAS LÍNGUAS E, AGORA, TAMBÉM EM FORMAT GRÁFICO MANGA.

TÍTULOS NA SÉRIE AVENTURAS DE PROJETOS JUVENIS:
- O PROJETO DA SUPER CASA NA ÁRVORE
- O PROJETO DA CASA ASSOMBRADA MAIS ASSUSTADORA DE SEMPRE
- O PROJETO DA INCRÍVEL FEIRA DE CIÊNCIAS
- O PROJETO DESASTROSO DO DIA DOS NAMORADOS
- O PROJETO DE TRANSFORMAÇÃO DO BULLY DA PÁSCOA
- O PROJETO DO FANTÁSTICO RESGATE DO RIACHO